路上 真正理解 自己與他人

第2集

與人們建立良好互動

——如何結交志同道合的朋友？

齊藤徹 監修　何姵儀 譯

前言

人的煩惱源自於「人際關係」。

讓我們試著想像一下只有自己一個人居住的地球。沒有人蓋房子，沒有人做衣服；沒有人煮飯，也沒有人送餐。這樣的話，我們這條命還能維持多久呢？人是無法單獨完成任何事情的生物，所以才會被稱為「社會性動物」。既然人與人之間的聯繫是生存所必須的，我們當然會想要追求「人際關係」，同時也會因為「人際關係」而煩惱。

這本書可以讓大家學到「建立良好人際關係的技巧」。

這本書想要告訴大家的是「人與人連結」的技術，算是一種「生存的技巧」。想要闡述的不是「朋友越多越好」這類道德概念，而是在這個社會中如何做自己、過得幸福的人際關係智慧，並且透過穿插的具體場景，有系統地將其整理成「溝通技巧」。

這是為青春世代所寫的書。也是適合每個「大人」的溝通指南。

當你遇到困難時，希望這本書能溫柔地陪伴在你身旁。

市面上不乏為在職場奮鬥的大人量身打造的溝通書籍，但專為剛踏入社會、年紀不過十幾歲，卻懷著許多煩惱生活的青春世代所寫的溝通書籍並不多見。而這套書，正是為了貼近「小學高年級、國中生到高中生」的生活需求而設計的。這本書的內容可以伴隨我們成長，一直到成為大人，依舊受用。

就算長大成人，不，應該說直到人生終點，人際關係所帶來的煩惱恐怕是永無止境。正因如此，我們希望能製作一本即使你已成為大人，也能在感到困惑或遇到困難時，立即派上用場的終生讀物。製作團隊全體成員都懷抱著這份初衷來製作，並期許這本書能如同一位貼心的朋友，在你人生的每個階段，給予力量與啟發。

齊藤 徹

目錄

在長大路上，真正理解自己與他人

第2集

與人們建立良好互動——如何結交志同道合的朋友？

CHAPTER 3

CHAPTER 4

第4章 透過同理心豐富人際關係 47

登場人物介紹

山岸卓

悠太的好友，田徑社。學業優秀還是社團的主力成員。有一點自私任性。

久保果步

涼子的好友，同班同學。了解涼子的弱點，還會提供幫助。

河野涼子

國中二年級，管樂社成員。認真有責任感，不擅長表達自己，也不善於依賴他人，但很會體諒別人，是大家心目中的「好人」。

三浦治

班長，隸屬美術社。喜歡畫畫，將來想當漫畫家或插畫家。

吉田彩乃

班上的女生領袖，所有人都敬佩她。性格堅強，聲音洪亮，相當引人注目。

村木悠太

國中二年級，田徑社成員。性格開朗，待人親切，但有時也會和朋友意見不合。學業和運動都表現平平，偶爾還會因為與他人比較而沮喪。

石倉葵

第二學期轉來的轉學生。性格內向文靜，已經慢慢地和同學打成一片。

鄉野孝志

個性直率，對於無法理解的事情會堅持己見。說話口氣較衝，容易與人發生衝突。

戶倉和司

國中一年級時被班上同學排擠，無法再去上學。現在就讀於體制外學校。

野口真太郎

總是笑容滿面，不管男女都處得來。不會發脾氣，以療癒系角色受到喜愛。

遠藤真由美

學校輔導員。在輔導處內傾聽學生的煩惱，並給予建議，深得學生的信賴。

CHAPTER

3

溝通的技巧

第3章

與人建立良好的人際關係時，只要好好留意言行舉止，就能提升自己的溝通能力。
就讓我們一起學習與他人建立關係的方法、恰當的用詞技巧，以及如何變得善於傾聽、善於表達等，溝通的基本原則吧。

我不是因為幸福才笑，
而是因為笑了才覺得幸福。

阿蘭（Émile-Auguste Chartier，哲學家、評論家）

3-1

如何打破隔閡？

建立關係的方法

這一集，就讓我們一起想一想，什麼是將人與人連結起來的「溝通」吧。
不管你是認為自己不擅長溝通的人，還是自認為溝通能力很好的人，
都一起來體驗一下溝通的深奧之處。

如果對對方感到好奇，那就鼓起勇氣主動搭話吧。

當班上來了一位轉學生時，你能主動和對方打招呼嗎？聊得熱絡固然是件好事，但也有可能會話不投機半句多，甚至懷疑對方是不希望有人跟他說話。

有時，總會因不安而猶豫不決，對吧？其實，很少有人會因為班上同學的關心而感到困擾。**所以，就讓我們鼓起勇氣，向對方搭話看看吧。**這個時候，如果能面帶微笑的話，一定可以在對方心中留下良好印象的。**交談時最重要的一點，就是多了解那個人的心情。**如果在回覆中發現了共同點，也可以與對方分享一些和自己有關的事情喔。

試著用這些問題來搭話吧！

聊聊對方喜歡的事物

問對方有沒有喜歡的藝人或遊戲。即使你對那些不太感興趣，還是可以試著問對方理由，說不定可以聊得更深入喔。

是喔？你喜歡他哪一點？
我的推是●●！

所謂的人際關係，就是這樣漸漸加深並擴展開來的。這一頁中，我們整理了各種提問方式和技巧，大家有機會可以試試看喔。

剛才的公民課，你支持哪一邊的意見？
我比較傾向●●。

找到共同的話題

當發現彼此喜歡相同的事物時，就能成為拉近距離的契機。此外，也可以試著聊聊課堂上學到的內容，這樣就能夠了解對方的想法，建立更深的關係。

你爸爸是在做什麼工作的呢？
嗯……
我……並沒有爸爸，所以沒什麼好說的。

不要只是提問，也要分享自己的事情

不要一直問對方問題，我們也可以試著分享自己的感受，告訴對方「其實我●●喔」或「大家都喜歡的××，我其實沒有很喜歡」等，這樣說不定會讓對方安心地對你敞開心扉。

不要追問對方的私事

對方可能會有想保密的事情，例如家庭狀況等。不管有多好奇，最好不要死纏爛打，問個不停。

哦？原來也有這種人啊。
我比較喜歡傳統的方式。

以開放式的問題
讓對話延續下去

問題有兩種類型。一個是所謂的「封閉式問題」，例如「你喜歡貓嗎？」這類只能用「是」或「否」回答的提問方式。

這種問題，如果對方回答「是」，對話就會中斷。另一種是「開放式問題」，像是「你喜歡貓的哪些地方？」是一種能讓對方有較大發揮空間的提問方式。用這種方式提問，就能得到各式各樣的回答，不僅對話能持續得比較久，還能深入了解對方。

如果想和他人更加親近，聊天時就盡量用開放性問題來交談吧。

開放性問題的例子

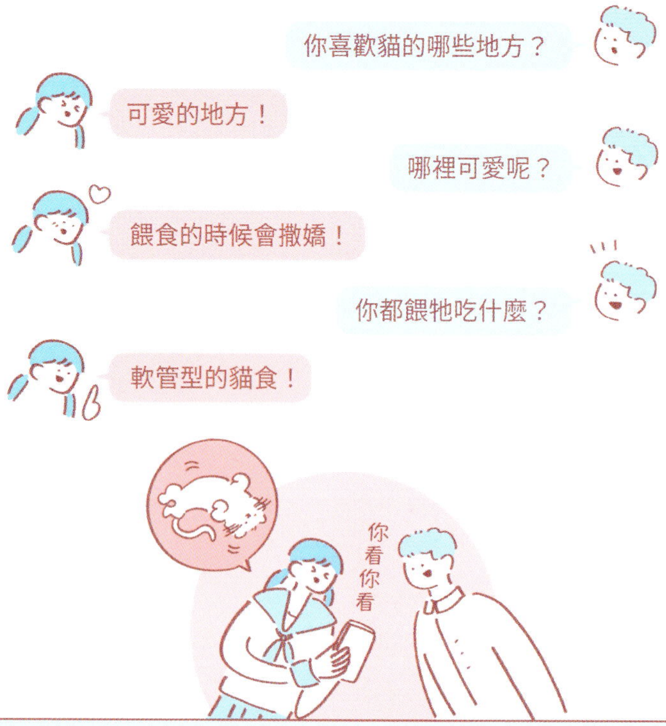
你喜歡貓的哪些地方？
可愛的地方！
哪裡可愛呢？
餵食的時候會撒嬌！
你都餵牠吃什麼？
軟管型的貓食！
你看你看

與「夥伴」建立良好關係

有些人會說：「我已經有要好的朋友了，所以不太會主動跟其他人說話。」

這或許是因為已經滿足於現在的情況，懶得再建立新的人際關係。但是，「夥伴」和「朋友」其實不太一樣。如果你只把注意力放在「朋友」身上，就可能錯過與「夥伴」相處的重要經驗。有這種想法的人，或許可以多留意「夥伴」和「朋友」在相處方式上的不同，以及這種區別的重要性。

朋友是能一起玩、聊天、分享心事的人；而夥伴則是跟你一起努力完成任務的人。

比如說，在班上，雖然不是每位同學都能跟你很要好，但他們卻都是會和你分組合作、參加活動的「夥伴」。

即使是在出了社會後，我們也都會一直與有相同目標的「夥伴」合作。例如，在公司上班時，職場上的同事就是你的夥伴，大家一起工作，才能完成大計畫。

獨自一人只能完成小事，但只要與「夥伴」合作，就能完成大事。

你認為哪種工作環境比較好呢？是必須和同事建立深厚的個人關係，才能被接受的環境？還是不論大家的交情、友誼如何，所有人都能舒適工作的環境？

如果你覺得後者比較好，那麼多加留意，並重視與朋友有些不同的「夥伴」關係，就很重要了。

與「夥伴」合作可以完成大事

即使出了社會，也要與「夥伴」合作

無論是在學校還是社會上，我們都會透過合作，而非單打獨鬥，來完成更偉大的事。因此，與「夥伴」建立良好關係的意識非常重要。

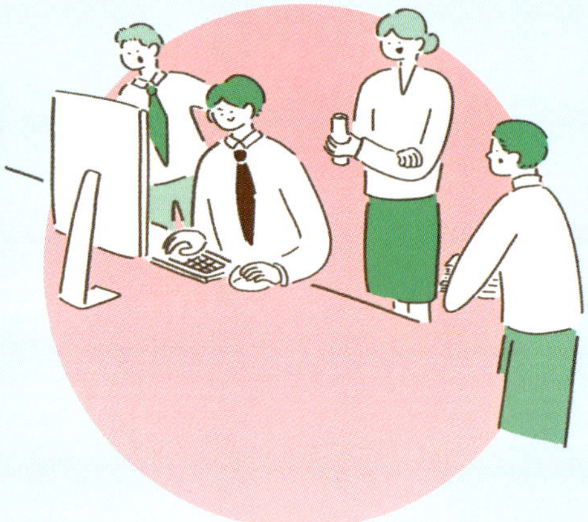

總結

- 以想更了解那個人的心情，試著主動交談看看吧。
- 與非朋友的「夥伴」建立關係的意識很重要。

3-2

無心的一句話 令人心痛！

刺耳的話與窩心的話

在溝通的過程中，語言是很重要的。
語言的用法影響深遠，它既可以給予人們勇氣，也可以傷害他人。
就讓我們好好學習如何善用「語言」這個既能成藥、也能成毒的利器吧。

從日常開始意識話語的力量

你是否曾被別人說的話刺痛了心而感到難過呢？相反地，你有沒有因為受人稱讚或鼓勵而感到非常幸福過？語言具有強大的力量，不只可以傷害人，也可以使人振作。

有時，我們會把能夠振奮人心、積極向上的話語，稱為「窩心的話」；反之，會傷害他人，或讓人產生負面情緒的話語，則稱為「刺耳的話」。「謝謝你」、「好棒喔」、「沒關係」、「你很努力的」、「真不愧是你」等「窩心的話」能夠傳達感謝或鼓勵的心意給對方；「好煩喔」、「好噁心」、

窩心的話

感謝的話語

- 謝謝
- 幸好有你幫我
- 我真的很高興
- 那很有趣耶
- 多虧有●●

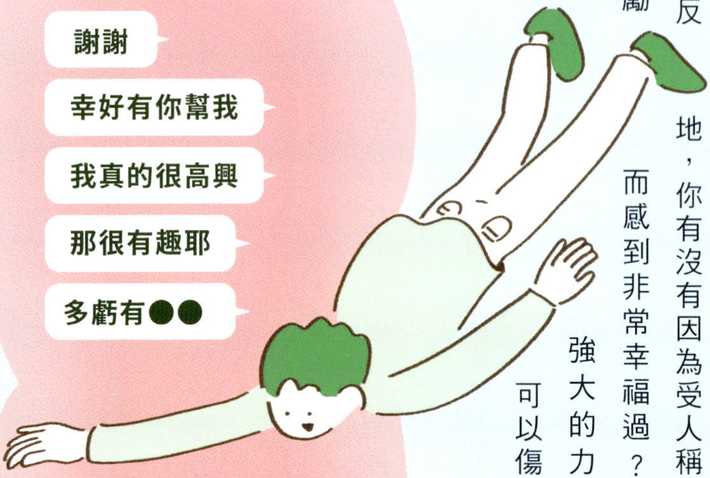

鼓勵的話語

- 別在意喔
- 你一直很努力耶
- 沒事啦
- 下次還有機會啊

讚美的話語

- 太好了
- 非常棒
- 很帥氣耶
- 你好厲害喔
- 真了不起
- 不愧是你

「有夠火大的」、「閉嘴」、「反正你做不到」等「刺耳的話」，則是會讓對方情緒低落，奪走他們的活力。

這幾乎可以說是「語言暴力」。平常若是一直處在充斥著「刺耳的話」的環境之中，我們的心可能會受傷，甚至陷入生病的危險。

這邊列舉了幾個「窩心的話」和「刺耳的話」。只要養成盡量不說「刺耳的話」，多用「窩心的話」的習慣，不僅是你自己，周圍的人際關係也會因此變得更加融洽喔。

刺耳的話

傷人的話語

笨蛋　噁心　煩人
不可能　氣死我了
不懂你想幹嘛　結束了
都是你的錯(都是你不好)
你連這個都不知道嗎？
反正辦不到啦　你誰呀你

貶低性格的話語

陰沉　無聊　很煩
囉唆　不合群
是不是有點得意忘形？

貶低外表的話語

胖子　醜八怪
髒　臭

否認存在的話語

閉嘴　礙事
不要再來學校(公司)了
去死吧　消失吧

將「刺耳的話」變成「窩心的話」吧！

在棒球比賽中
不小心失誤的人
會聽到的話語

都是你害我們
輸掉比賽的！
每個人都會有
失敗的時候，
不用太在意。

你連這個都
不知道嗎？
就是有●●
在的人氣團
體喔。

不太了解
人氣偶像團體的人
會聽到的話語

好！
什麼啊？
想炫耀嗎？
好厲害喔！
下次我不會
請你教我

數學考試
考滿分的人
會聽到的話語

地位較高的人，更應該注意「刺耳的話」

可惜的是，就算是大人，有時候也會做不到這點，而隨意對其他人施加語言暴力。

例如，當父母看到孩子考試成績不理想時，往往會把成績好的哥哥或姊姊拿來比較，或許還會破口大罵：「你考這什麼分數？要向哥哥（姊姊）看齊呀！」這顯然是「刺耳的話」。孩子若是被父母這麼說，內心一定會感到非常沮喪，甚至覺得自己永遠不可能達到父母的期待。但是，如果父母能改用：「這次有點可惜，下次要加油喔！」這類「窩心的話」，孩子的心情就會輕鬆許多，也更容易從錯誤中學習，積極向前努力。

不僅僅是父母對孩子，老師對學生、學長姐對學弟妹、公司主管對部屬等，**在上下關係非常明確的情況之下，上位者若是不停地冷嘲熱諷，當事人的心情應該會非常痛苦。**

如果父母或老師對你說話時，老是「冷嘲熱諷」，最好能勇敢地把自己的感受說出來，讓對方知道這樣說話很傷人。

不過，想要直接表達心聲並不容易，很多時候我們會因為害怕或緊張，而說不出口。但是，如果這種情況總是讓人感到困擾，建議你一定要向其他值得信任的大人，例如學校的輔導老師尋求協助。有人傾聽並支持，會讓我們更有力量面對問題。

同樣的道理，當自己地位比較高時，也要記得用「窩心的話」來鼓勵比較弱勢的人。

大人的刺心話

說話老是「冷嘲熱諷」的大人，往往是基於「為了對方著想」、「為了教導」、「為了鍛鍊」、「以為能激發鬥志」等心態，才會話中帶刺，所以有時他們並不會察覺到自己所說的話其實是語言暴力。

來自父母
反正你也做不到
為什麼連這種事都辦不到？
你要向●●好好學習啦
要我說幾次你才會懂
我是這樣教你的嗎？

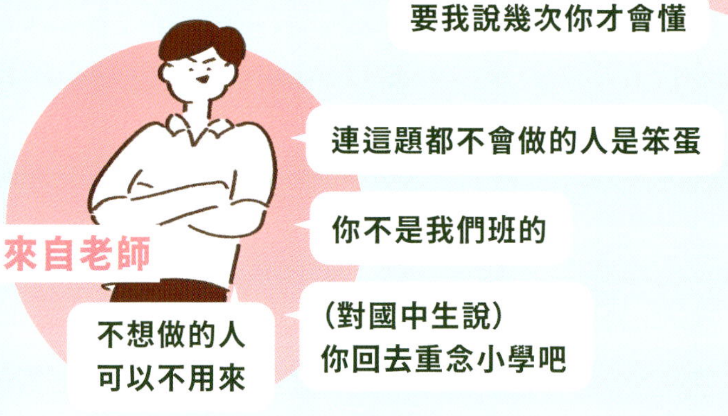
來自老師
連這題都不會做的人是笨蛋
你不是我們班的
（對國中生說）你回去重念小學吧
不想做的人可以不用來

來自公司主管
這份工作你都做幾年了
你真的是一點用都沒有
大家都被你連累了
你工作再這樣下去，我就要把你從專案中調走

總結

- 語言既能使人振作，也能使人沮喪。
- 養成使用「窩心的話」而非「刺耳的話」的習慣。

3-3 如果一時激動而開始爭吵，該怎麼辦呢？

反應性行為與主體性行為

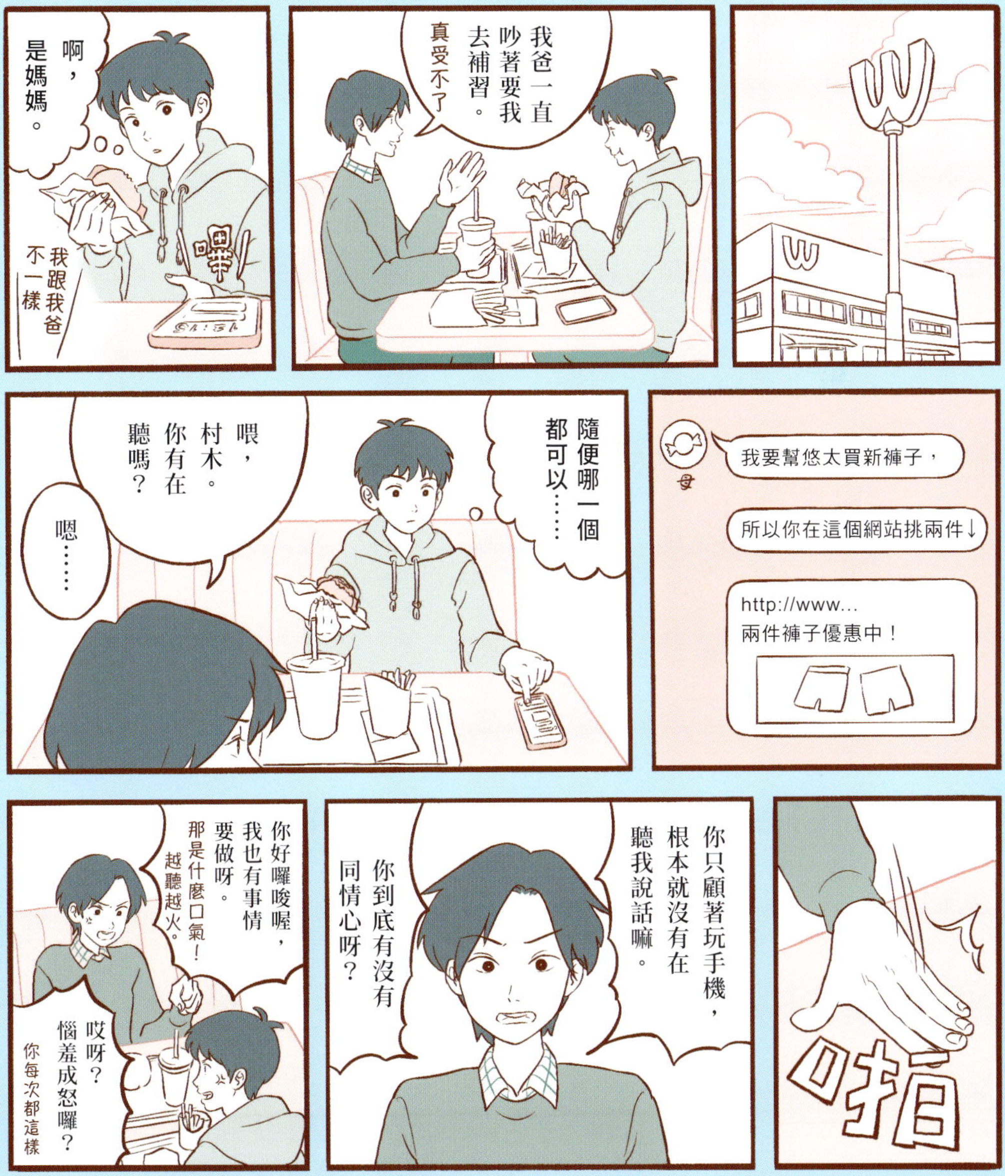

有時候我們會因為別人的行為而生氣。這時，如果能冷靜地說出「請你不要這樣」的話，說不定會比發脾氣還更容易讓對方明白喔。

有時會突然發火……

自己決定要怎麼反應

你曾經因為別人做了什麼或說了什麼而生氣嗎？生氣的第一時間，你的反應通常會是什麼呢？

對方突然撞過來，害我手上的水壺掉下來！

假設一個走路正在看別處的朋友撞到你，這時你可能會生氣，並用強硬的口吻抱怨。但這樣對方真的會好好道歉嗎？有些人可能會無視你的存在，或者以同樣強硬的態度回嘴。如此一來，彼此都會感到不愉快。

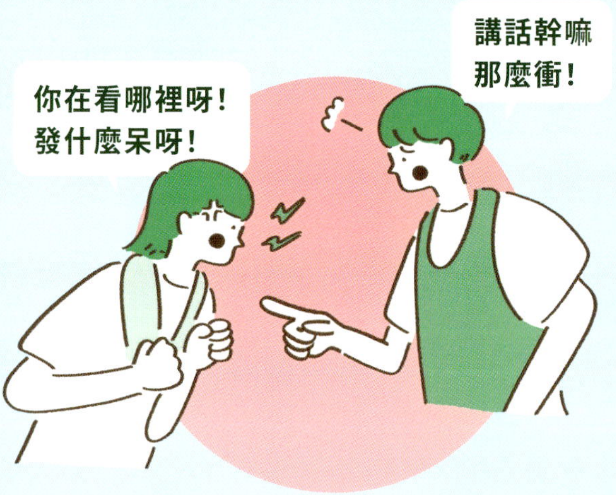

情緒一受到刺激就做出反應，只會讓對方更惱火。

像這樣對他人的言行（外界刺激）做出反應，並順著那股氣勢採取行動的樣子，稱為「反應性」行為。反應性行為往往無法解決問題，而且也可以說是被周圍的環境牽著走，稱不上是展現真實自我。

與反應性行為不同的是「不立即對外界刺激做出反應」的態度。**不管遇到什麼情況，都會先暫停一下，深深吸口氣，思考自己應該採取什麼樣的行為，然後再依照意志決定行動，這種模式稱為「主體性」行為。**

讓我們思考一下之前提到的例子吧。你認為要怎樣做，才能對撞到自己的朋友採取主體性行為呢？

首先試著想想看，「對方也有自己的情況」。他可能是上課快要遲到了，才會這麼匆忙，也或許是因為別的事情而分心。姑且不管你能不能接受，總之我們要留意，對方也有自己的「情況」或「理由」。

再來就是以此為考量，自己決定要採取什麼行動。你可以冷靜地說「我被撞到很痛，希望你能道歉」，也可以說「我站在這裡其實也不對，下次我們兩個小心點吧」。雖然沒有標準答案，但是，冷靜思考並控制自己的情緒，是一件非常重要的事。

先冷靜，再思考！

對方也有他們的考量和說法，所以我們暫時不要做出反應，先設身處地，想一下對方的處境吧。

他可能在趕時間
或許我站的地方擋到人家的路了

什麼是反應性行為和主體性行為？

反應性

受到外界刺激，反射性採取動作，稱作反應性行為。是被周圍環境所影響，無法控制自己的狀態。

主體性

不受外界刺激影響，有意識地思考並選擇自己要採取什麼樣的行動，稱作主體性行為。

什麼是情緒管理？

情緒管理，是控制憤怒的技巧。生氣時該做的，並不是情緒性地向對方大吼大叫等「反應性」行為，而是要先接受自己的憤怒，然後再「主體性」地思考應該如何採取行動。具體方法，包括「感到憤怒時先數6秒，讓自己冷靜下來」、「以10分為最高分，給當前的憤怒評分」、「如果6秒過後憤怒仍未平息，那就先離開現場」等。

表達時使用「我訊息」而非「你訊息」

想對他人提出注意事項或表達不滿時，巧妙傳達並不容易。

假設你借給朋友一本書，但朋友一直沒有還你。當我們因此而帶著悶悶不樂和煩躁的心，對朋友說：「你到底什麼時候才會還我那本書？」時，這句話就是所謂以「你」為主詞的「你訊息」。

因為「你訊息」聽起來就像是在指示對方或責備對方，所以大多數人都會感到不愉快，無法坦然接受。有時甚至會回嘴，演變成「你上次不也是~嗎？」之類，永無止境的爭執。這樣一來，原本只是想提醒對方某件小事，卻反而可能讓彼此的關係變得更僵。

即使傳達的內容相同，**只要能以自己為主詞來表達感受，對方的印象就會不同。**

如果能說：「我很珍惜那本書。如果你能趕快還給我，我會很開心……」的話，對方應該就會覺得「很不好意思」，並且更願意儘快歸還吧？這種表達方式稱為「我訊息」，以「我」作為主詞，把重點放在自己真實的感受上。

只要用「我訊息」坦率地表達自己的感受，就更容易觸動對方的心，也比較不會引起反感，不僅能保護彼此的關係，還能讓對話更順利。久而久之，你會發現，善用「我訊息」其實是一種很重要的溝通技巧，可以讓你和其他人相處得更愉快。

「你訊息」聽起來像是在指責

你到底什麼時候才會還我那本書？
你不是也有不還書的時候嗎？

以「你」為主詞時，對方會覺得自己受到指責而心情變差，有些人甚至會回嘴。

「我訊息」比較能傳達想法

如果能儘快還我那本書，我會很開心的……
對不起，我會趕快看完，最晚後天還你。

以「我」為主詞時，只是在表達自己的感受，所以不會讓對方感到自己被強加壓力。

總結

- 先接受憤怒的情緒，再自己選擇如何行動。
- 盡量使用可以表達「自我感受」的「我訊息」與對方溝通。

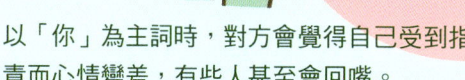

3-4

他比較好聊？為什麼？

傾聽的建議

有些人會讓你覺得很好聊天，有些人則是會讓你感到難以交談。兩者之間的差別究竟在哪裡呢？此外，要成為一個善於傾聽的人又該怎麼做呢？就讓我們一起來思考這個問題吧。

好聊的人與不好聊的人差別在哪裡？

A 的情況

A 是一個好聊的人，讓我不知不覺連原本沒打算說的煩惱都一起告訴他了。他非常認真地聽我說話，令我的心情輕鬆了許多。

B 的情況

好不容易鼓起勇氣向 B 傾訴了重要的事情，可是他一直在看手機，讓我不確定他有沒有認真在聽。後來，當我再提起同一件事時，他的反應竟然像是第一次聽到，讓我感到很失望。

「願意傾聽的人」會讓人更願意開口，試著用心傾聽對方吧

當問「溝通能力強的人」是怎麼樣的人時，應該有許多人會立刻想到善於言詞的人。那些能夠根據聊天的對象不同，提出各種話題，讓現場氣氛更加熱絡的人，或許能夠成為受眾人喜愛的中心人物。

但就現實而言，更容易讓人敞開心扉的，往往是那些善於傾聽的人。

所謂溝通，是指意見交流。若想了解彼此的想法，那麼認真傾聽他人說話，就顯得很重要了。

大家身邊有沒有那種讓自己覺得「和他聊天很容易」、「很好商量事情」的人呢？那個人是不是**不會打斷你說話，會有耐心地一直聽到最後，並且給予共鳴，願意站在你的立場思考**呢？只要和這樣的人在一起，就能讓自己敞開心房，甚至說出平常不會輕易告訴其他人的事情喔。

用這樣的態度聆聽他人說話，稱為「傾聽」。傾聽是增進彼此的信任感，讓人與人的互動、往來更加順暢的重要技巧。它還被廣泛應用在醫療、護理、教育等領域中，幫助人們更好地理解與照顧他人的需要。

我們也能試著培養傾聽的習慣，讓溝通更加順暢。如此一來，朋友就會對你打開心門，與你分享各種話題。

仔細聽人說話的「傾聽」

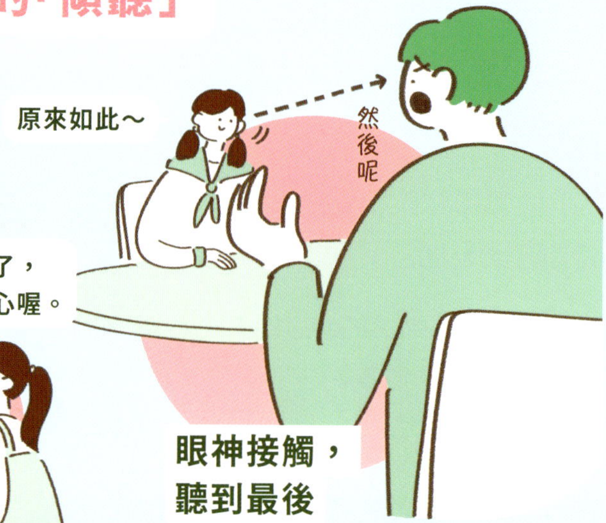

眼神接觸，聽到最後

看著對方的眼睛，不要中途打斷，
聽對方把話說完。

複述一次

將對方的話換個說法，重複一次。這樣對方就會因為被理解而安心。

適時回應

透過簡短回應或點頭，讓對方知道「你正在聽」，這樣他們會更安心。

站在對方的立場思考

想像對方的感受，並且好好表達出來。這樣對方應該就會覺得你懂他的心情。

微笑是最好的溝通方式

從表情可以大致了解一個人的心情，例如「板著臉就是不高興」、「微笑就是心情好」等等。

而微笑是一種相當有效的溝通手段。向對方展示微笑，可以傳達「自己不是敵人」、「對你有好感」、「想成為朋友」等訊息。如果想與某人變得要好，不妨從微笑開始。

不要否定、給予高高在上的建議，或過度挖掘隱私

前面說明了怎麼聆聽能讓對方更容易開口，接下來則要看看聆聽時不該做的事。

大家是否有過這樣的經驗？當向朋友訴說煩惱或尋求建議時，得到的卻是「這是你的錯」之類的否定回應，或者用高傲的態度說「遇到這種情況，你應該要這樣做」，又或者原本只是希望對方聽自己訴說，但不知不覺中卻變成是你在聽對方講自己的事情……遇到這種情況，我們通常就不會想要再繼續說下去了，是吧？

只要有人願意傾聽煩惱，心情就會豁然開朗。

找人商量的目的，往往不是為了解決方案，而是希望有人能聽自己訴說。

如果你真的想幫助對方，那就先控制住想要說出自己意見和經驗的衝動，試著努力理解對方的立場與想法。

認真聆聽之後，如果對方確實需要建議，再提出你的看法就好。

這樣的問法NG喔！

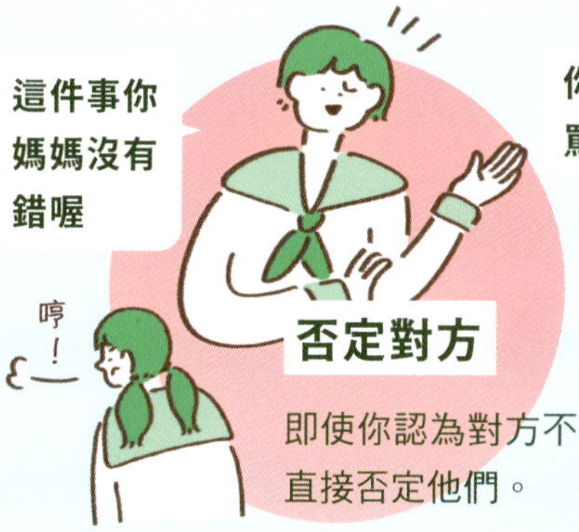

否定對方

即使你認為對方不對，也不要直接否定他們。

以高高在上的態度給予建議

對方有時候只是需要有人聆聽，並不是想要得到建議。

介入過多

有些事對方可能不想被問或不想提，所以要避免過度介入。

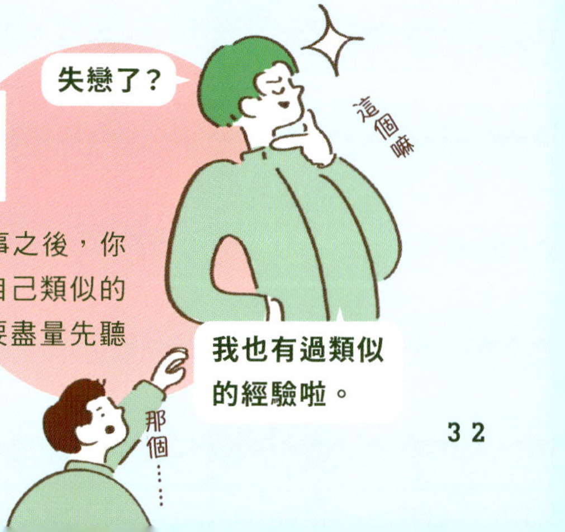

自顧自開始講自己的事

聽了對方的故事之後，你可能會想分享自己類似的經驗，但還是要盡量先聽對方說。

總結

- 溝通能力強的人，是能夠「傾聽」他人說話的人。
- 在聆聽他人說話時，要避免「否定」和「高高在上地給予建議」。

3-5

如何表達才能打動人心？

架構想說的話

上台報告的時候，你是否曾經感覺到自己說話不是那麼順暢？
傳達訊息其實是有技巧的。
就讓我們一起學習在報告和日常溝通時，都能派上用場的方法吧！

讓訊息「傳達到位」的重要事項

前面主要說明的，是「對話」這種雙向的溝通方式。接下來，則要談談「主動傳達」的溝通方式。

相信大家都有過自由研究[1]或小組報告的經驗。出社會後，也會常遇到要做簡報（上台報告）的情況，所以就讓我們一起看看，該怎樣才能讓報告順利進行。

首先，最基本而且最重要的，就是思考**「訊息傳達出去之後，是否能觸動對方的心」。**

不擅長上台報告的人，往往只在意「要怎麼做才能講得好」。但即使自認為傳達得很好，如果沒有把想說的話成功傳達到位，就毫無意義可言。「傳達」和「傳達到位」是不同的，**設身處地為聽者著想是很重要的。**

例如「聽眾可能對這個領域不太熟悉，所以要從基本的事情開始說起」、「加入聽眾可能感興趣的比喻會比較好」等。

簡報重在觸動聽眾的心

表達的目的不是為了展現口才，而是為了讓對方理解與感受。因此，試著站在聽者的立場說話，才是最重要的。

註1：通常出現於日本中小學生的暑假作業中，自選題目進行研究，不限形式及方法。

讓聽者更容易接收訊息的表達技巧

「說話的順序」也很重要。下面的範例中，哪一種比較容易讓你理解朋友的目的呢？

B的說話方式，比較容易讓人明白他「想一起去買參考書」。這是因為B一開始就說了結論（想傳達的內容），所以聽者能很快理解話題，繼續聽下去。A的結論在最後，所以很難立刻聽出他想要表達什麼。因此，「先說出結論（＝想傳達的事情）」是讓聽眾更容易理解的表達方式。

另外，按照「結論→理由→具體例子」的順序來進行闡述，也是一種讓聽者更容易理解的「說話模式」。

先說結論

A

坦白說，我上次考試沒有考好。
我爸媽還說如果再這樣下去，就要我退出社團。
所以，你今天可以陪我去買參考書嗎？

B

你今天可以陪我去買參考書嗎？
坦白說，我上次考試沒有考好。
我爸媽還說如果再這樣下去，就要我退出社團。

雖然這兩種情況所說的內容都一樣，但是訊息傳遞的順序卻不同。
像B那樣先說結論的表達方式，通常可以讓聽者更安心。

例如：「〔結論〕我認為鯛魚燒是最棒的點心。〔理由〕理由是它相當有飽足感。〔具體例〕像前幾天我來不及吃午餐，只不過是在大約兩點時吃了鯛魚燒，結果到吃晚餐的時候都還不會餓。」這樣就能清楚傳達得到結論前的思考過程。

提出三個原因，就能讓聽眾更容易接受訊息。若你不太擅長上台報告，不妨試試看。

日常生活中的傳達，也要考慮聽者的感受

目前為止，我們說明的是報告技巧，但如果能「站在聽者的立場來思考」，並且「以淺顯易懂的方式說明」，也能幫助自己在日常溝通時確實傳達訊息。

除了前面提到的「結論↓理由↓具體例子」的說話順序之外，當我們想向對方傳達訊息時，其實還有其他需要注意的事項，38頁會

表達的模式：結論→理由→具體例子

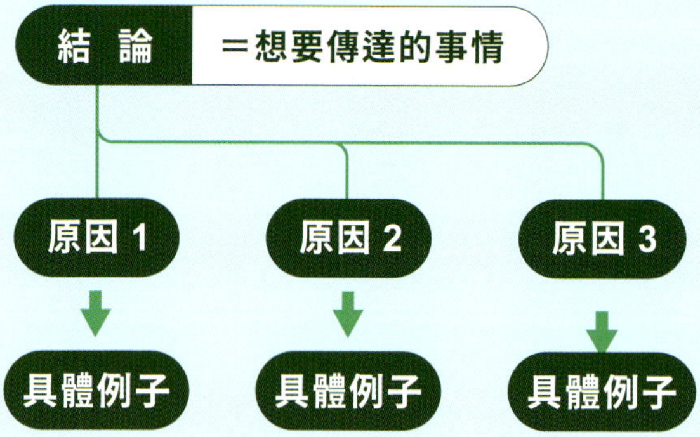

這樣表達，就能做出有說服力的簡報。三個理由比較剛好，因為超過的話，聽眾就會覺得「有點多」。每個理由後，最好附上一些具體的例子。

給新生的社團介紹

結論

加入社團最好選擇管樂社

原因1

上下關係不嚴苛

具體例子

和學長姐聊天非常愉快。沒有擺架子的學長姐，而且他們還會溫柔地指導學弟妹。

原因2

能與夥伴一起成長

具體例子

雖然不太擅長演奏樂器，但在大家的指導下就能漸漸掌握技巧。

原因3

參賽時能獲得感動

具體例子

在參加比賽的過程中獲得觀眾掌聲時，會起雞皮疙瘩。這樣的經驗令人上癮。

列舉一些給大家。你會發現，這些都是考慮到對方感受的溝通方式。擅長溝通的人並不會認為「只要說出自己想說的就算結束」，

而是會意識到「要怎麼做才能把訊息傳達給對方知道」、「對方是否真正理解自己表達的意思」這些問題。

根據對方已有的知識來調整說話方式

即使是自己知道的事，對方也有可能不知道。因此，可以詢問對方「你知道這個嗎？」再根據對方的知識調整內容。

確認對方是否理解再繼續交談

確認對方是否理解自己所說的內容。只要問對方「到目前為止，有什麼想問的嗎？」對方就會提出不明白的地方。

不要一次傳達太多訊息

記住大量的資訊並不容易。想傳達的訊息如果很多，可以先寫在紙上、傳訊息，或是整理成清晰易懂的表格。

也要留意傳達的時機

對方看起來很忙的時候先不要打擾，另外找個適當的時機再交談。問對方「我有話想說，你什麼時候有空？」也可以。

總結

- 善於溝通的人，會站在對方的立場思考。
- 按「結論→理由→例子」的順序闡述，便更容易理解。

3-6 讓我們成為溝通高手吧！

令人際關係更加順暢的技巧

○○
△△
瞄
什麼？
我可以提出一個關於這個班級的重要論點嗎？
舉手
「野口同學是班上的療癒者」理論。
那個，我也同意……
野口同學
不管男女，他都聊得起來
而且還常用「那很好啊」或「太厲害了」之類的話來稱讚人
100
遇到困難時他還會伸出援手，問說「需要幫忙嗎？」
野口同學真的很棒～
要是有人欺負他，我絕對不會放過對方的。
我覺得野口同學應該沒問題啦，大家都很喜歡他，而且遇到不喜歡的事，他也會明講。
他很懂得拿捏分寸
是喔，那我就放心了。
啜泣……
我希望他以後能幸福。
這是誰的角度啊？
你是他媽媽嗎？

這一章的最後，要來介紹善於溝通的人所具備的特點。
與人溝通的方式形形色色，就讓我們從自己能做到的地方開始嘗試吧。

就是溝通高手！

嘿！
你常常主動做些需要花力氣的事情耶

特點1

不是「指出缺點」而是「看見優點」

批評別人的缺點，不會帶來什麼好處，那不如多留意並稱讚對方的優點吧。被誇獎的人一定會很高興，對你的好感度也會提升喔。

思考一下擅長溝通的人有哪些特點吧

我們在這一章探討了如何與他人建立良好關係，以及如何在不傷害自己和對方的情況下，好好表達自己的想法。相信大家現在應該已經得到相當豐富的溝通知識了。這一頁中，會介紹一些能讓

「看見優點」時的注意事項

有關外貌和能力的讚美，有時會被對方當作是「諷刺」或「嫉妒」。另外，這樣的稱讚，可能會讓對自己的外表或能力自卑的人難過，最好多加留意。

你好帥喔　你好可愛喔

你好高喔　你身材真好

你好會讀書喔

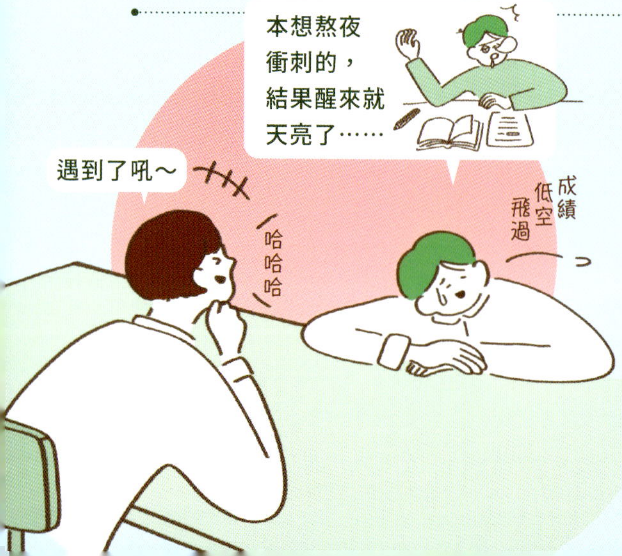
本想熬夜衝刺的，結果醒來就天亮了……
遇到了吼～
哈哈哈
成績低空飛過

特點2

分享自己的失敗經驗

你是不是常為了被喜歡，而刻意展示優點或自誇呢？但是，人們往往比較容易對失敗談產生共鳴。讓我們試著坦率地分享自己的失敗吧。如果對方會鼓勵你說「你真的很辛苦」，或是「下次加油就好」，那你們一定能成為更要好的朋友。

能做到這些的人

會淋濕的喔
……
我自己來
就好

特點3

用夥伴式的語氣來表達

首先真誠接納對方的言語，而語氣若能緩慢、溫和，就能表現「我不是敵人」、「我站在你這邊」，讓對方敞開心扉。

溝通方式更上一層樓的技巧。即使是不善於聊天，或無法炒熱氣氛的人，也不用擔心。只要有心和勇氣，任何人都能運用這些技巧。如果覺得有自己能做到的事情，一定要試試看。

特點4

不要強加友情（愛情）

如果一味追求「希望對方喜歡自己」，往往會讓人感到沉重。與其如此，不如試著像送出小小心意般，在對方有需要的時候幫助他們。如果慢慢累積這樣的互動，彼此之間的關係一定會更加深厚。

我幫你拿喔
嘿咻

特點5

習慣說「謝謝」而非「不好意思」

假設社團活動結束後，你負責收拾器材，有同學來幫你的忙，這時與其說「不好意思」，不如說「謝謝你」。因為感謝的心情和語言，是建立良好關係不可缺少的要素。

謝謝

懂得付出，才能建立良好的人際關係

給予對方某些東西或幫助，稱為「付出」（Give）。相反地，從對方那裡獲得一些東西或幫助稱為「受惠」（Take）。而公平的互惠互利關係，則稱為「付出與受惠」（Give & Take）。

能建立良好人際關係的人，往往是那些主動付出的人（Giver）。如果你能察覺到對方想要的東西，或希望得到的幫助，並且主動付出的話，對方一定會非常高興。付出的東西並不一定是需要花錢買的。例如「我幫你規劃好校外教學的小組行動計畫了喔」等，利用自己擅長的事情來幫助對方。或者是分享對方可能想知道的資訊，例如「你不是說喜歡甜食嗎？車站前新開的蛋糕店很好吃喔」等等。此外，像「謝謝你耶，每次都把社團辦公室打掃得那麼乾淨」這些對方聽了會很開心的話，也是很棒的付出。

我們通常會對那些關心自己並主動付出的人產生好感；而當你遇到困難時，對方說不定也會因為「平時一直受到你的幫助」而樂意出手相助。

但要注意的是，不要勉強自己付出。當你基於善意，而去承擔自己不擅長或不想做的事情時，往往會感到痛苦。因此，我們要盡量在不勉強自己，最好是還能樂在其中的範圍內付出。

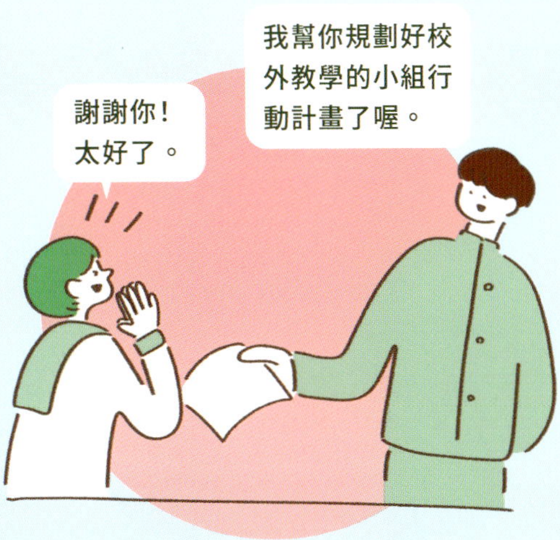

當你為對方付出自己擅長的事物，或是讓對方得到想要的訊息或言語時，當事人就會覺得「這個人真好」、「他在關心我」，進而對你產生好感。

可是，也有些人會因為逃避，或是拒絕負責任，而將棘手或麻煩的事推出去讓別人做，利用他人的善良，自己享受成果。不管如何，當被要求做自己不想做，或者太困難的事情時，一定要果斷拒絕喔。

總結

- 試試看溝通高手的技巧。
- 考慮到對方的需求再付出，就能建立良好的人際關係。

告訴我！
煩惱諮詢
#3

人際關係很麻煩又累人。我希望一個人待著，不太想與人交流，不行嗎？

喜歡獨處並不是壞事。現在有許多娛樂都可以一個人享受，即使沒有直接見面，也能透過社群媒體與人交流互動。因此，在這個時代，選擇一個不與他人過多接觸的生活方式，也未必是壞事。

美國心理學家約翰 ·D· 克朗柏茲（John D. Krumboltz）教授在1999 年研究了許多在社會上相當活躍的人，並發表了「計畫性偶發理論」（Planned Happenstance Theory），主張「職業生涯有八成會受到偶然的影響，而在面對偶然時，能積極應對的人，會更容易有所突破」。幾乎沒有人的工作可以完全符合童年或剛開始工作時的想像，但這並不代表我們的人生不幸福，因為許多人就是經由意料之外的人際接觸，或與自己意願不同的工作經驗，打造出未曾想像過的職業生涯。可見只要抓住美好的偶然機會，人生會變得更加開闊。

偶然往往是由其他人帶來的。認為人際關係很麻煩的人，或許很堅強，所以覺得獨自行動也沒關係。這當然是一件好事，但希望大家能留下一個想法，那就是：我們的人生，可能會因為某人帶來的美好偶然，而更加有趣充實。

大人也不知道！？重要的事情

#3 付出者、受惠者、互惠者——你想成為哪一種人？

美國心理學家亞當・格蘭特（Adam M. Grant）教授根據人際互動，將人分為以下三種類型。

- **付出者……給予的人。關注對方的需求，首先主動付出，不考慮自己是否有利可圖。**
- **受惠者……接受的人。考慮自己能從對方身上獲得什麼，只有在得到的比付出的多時，才會採取行動。**
- **互惠者……維持平衡的人。始終保持公平。會先觀察對方的表現，再來決定是否提供幫助。**

格蘭特教授進行了一份調查，試圖研究出「哪種類型的人較容易成功」——結果顯示，最容易成功的人是付出者；不過，最容易失敗的也是付出者。

下圖的縱軸是「對自身利益的關注程度」，橫軸是「對他人利益的關注程度」。最成功的是「具有主體性的付出者」，最失敗的是「自我犧牲的付出者」。所謂具有主體性的付出者，是指會對意義的事情無條件付出，但不會損害自身利益的人。他們不會被受惠者欺騙。相對地，自我犧牲的付出者對任何人都毫無保留地付出，最終反而會消耗自己，非常容易被受惠者利用。

懂得付出，也就是先給予的人，會獲得成功，但自己的意願若是不強烈，拒絕付出也是一件很重要的事。

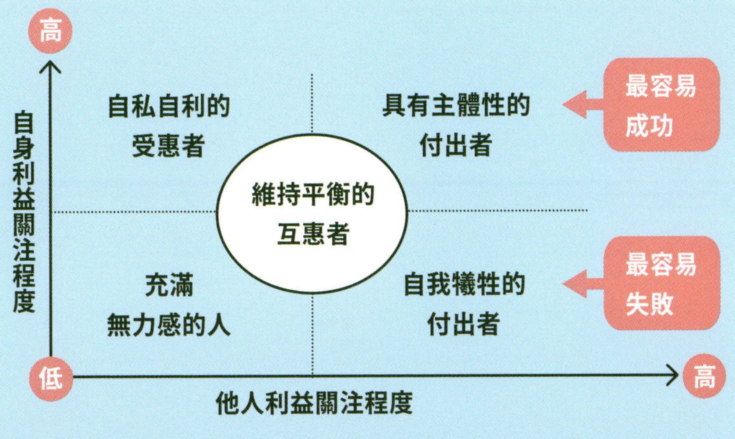
高
自身利益關注程度
自私自利的受惠者
具有主體性的付出者
最容易成功
維持平衡的互惠者
充滿無力感的人
自我犧牲的付出者
最容易失敗
低
他人利益關注程度
高

CHAPTER

4

透過同理心豐富人際關係

第4章

同理心是指想像對方感受的能力。
本章將以同理心為關鍵，來為大家介紹一些進階的溝通技巧，包括向對方提出請求的訣竅、有效表達自我的方式，以及處理人際關係問題的方法。只要掌握這些知識，就能大幅提升你的溝通能力。

只要真心幫助他人，
總有一天，自己也會在需要的時候
獲得他人的幫助。
這正是人際關係最美的模樣。

拉爾夫・瓦爾多・愛默生（Ralph Waldo Emerson，詩人、思想家）

4-1

什麼是「同理心」？

從對方的觀點看世界

呼
送出去了。
下次再去那裡
晚安～
昨天
你最近怎麼都沒消沒息的？
是不是在生氣呀？我有做什麼嗎？
對不起，我想暫時保持一點距離。
傳送
沒睡飽……
談戀愛好累喔……
罪惡感真難受……
河野妳是不是很累呀？
昨天有點睡不著……
我懂～有時候就是會睡不著。
特別是不知道為什麼但就是睡不著的那種，我很有同感～
嗯，有時確實會這樣。
不過妳這個同感跟我的不一樣……

看到這裡的你，應該對於溝通方式有更深的了解才是。
這一章，我們將進一步思考，如何讓人際關係變得更豐富。

什麼是同理心？

人們常說「具有高度同理心（理解他人感受的能力）的人，無論在工作還是私生活都會順利」、「AI無法產生同理心，所以具有高度同理心的人在未來會脫穎而出」。

那麼，同理心到底是什麼呢？

舉例來說，假設你是足球隊的守門員。因為你的失誤而錯失的得分，是決一勝負的關鍵分，結果這場比賽因此輸了。此時的你，肯定會相當沮喪，是吧？這個時候，如果有一位隊友過來對你說：「對不起，是我們進

同理心較低的人

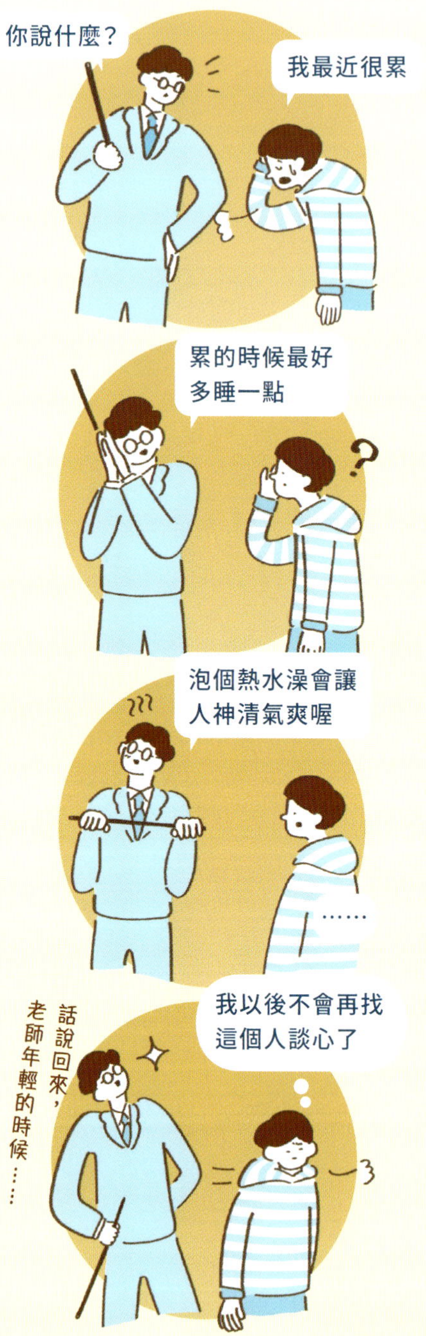
你說什麼？
我最近很累
累的時候最好多睡一點
泡個熱水澡會讓人神清氣爽喔
……
我以後不會再找這個人談心了
話說回來，老師年輕的時候……

同理心低的人不會好好聆聽他人說話，而是自顧自地說出自己的想法。

不了球，才讓比賽輸了。」你會有什麼感受呢？心情是不是會稍微好一點呢？會說出這句話的那位隊友，是個富有同理心的人。他能感受到因為自己的原因而輸掉比賽的你心情有多糟糕，並且想像說些安慰的話可能會讓你好受一些，所以才這麼對你說。而**所謂的同理心，就是指如果自己是對方，內心會有什麼感受，以及要怎麼互動，才能觸動對方的心。**若能做到這些，就代表對方是一個具有高度同理心的人。

同理心較高的人

你累了嗎？怎麼了？
我最近很累
你想告訴我什麼呢？
最近為了園遊會的事很忙
只能在晚上寫補習班作業，睡眠不足……
原來如此，那真的很累
有什麼我可以幫忙的嗎？
補習班的作業可以少一點嗎？
那這陣子先不要背英文單字吧。
這樣如何？
謝謝老師
有人願意聽我的心聲了！

同理心高的人會在對話的過程中探索對方在想什麼。

願意了解對方感受的人才有高度的同理心

假設有位同學向你坦承「昨天我和男朋友分手了」。在這種情況之下，什麼樣的回應才算是有同理心呢？很多人應該都會下意識地回答「那真是可惜」。

我能做到的事是……
他現在是什麼樣的心情呢？
昨天啊……
嗯嗯

設身處地為對方著想

試著站在對方的立場，或以客觀的角度來看待彼此，盡量了解對方的感受。

但實際上，這未必是正確答案。萬一那位同學一直很想和男朋友分手，昨天終於做了決定而感到輕鬆，那麼「真可惜」這句話就不適用。

即使看見或經歷相同的事情，每個人的感受也不盡相同（第1集60頁）。而就算是同一個人，只要情況不同，心境上也會有所改變（第1集47頁）。想像他人的感受並不是一件容易的事。與其自以為是地認定「因為和男友分手，所以一定很傷心」，不如重複對方的話「你和男友分手了啊」（30頁），仔細聆聽對方接下來要說什麼後，再試著去理解對方的心情。

最重要的，是要努力從對方的角度來看這個世界，並試著客觀地看待彼此的對話，或從對方的角度來思考問題。這樣的想像，應該會有所幫助。

同理心與附和的區別

附和是指即使內心不認同，也會跟著對方的意見或態度走。同理心則是在努力理解對方感受的基礎上，自己決定要採取什麼態度或行動來對應。附和只是迎合對方，同理則是保有自己的意見，這是最大的區別。

但如果在對方有錯時附和，不只有可能無法糾正錯誤，有時還會助長對方的憤怒等情緒，因此要特別注意。

我懂～
完全同意～
你是這麼想
的，對吧？

同理心高的人有什麼特點？

那麼，要怎樣才能成為一個具有同理心的人呢？下面整理了這種人的特質，想要提升同理心的人可以實踐看看。

同理心高的人的共同點，在於不會武斷地認為「自己的感覺和想法是絕對的」，而是會採取「每個人都有不同之處，這點很有趣」、「每個人都有自己的感受和想法，值得尊重」的態度。並不是不發表自己的意見，而是在表達意見時，會說：「我是這樣想的，那你呢？」也就是將自己的想法當作眾多觀點之一，傳達給對方。「雖然我們是不同的人，但我想了解你，如果有什麼可以幫上忙的地方，我非常樂意伸出援手」，這就是同理心高的人心中的想法。

同理心高的人的特點

即使與自己意見不同也能接受

即使對方的想法與自己不同，也能傾聽。就算無法理解，也不會否定，而是接受、尊重彼此的觀點，並從中獲得新的見解。

觀察入微，懂得察言觀色

平時就會觀察周圍的情況，所以能注意到他人的變化。此外，還習慣從旁人的言行去想像「這個人為什麼會這麼說」、「他那樣做的理由是什麼」。

擁有各種經驗

擁有豐富的經驗，能在充分聆聽之後，與對方分享自己從前學到的教訓。只要認為痛苦的經歷能夠治癒他人，失敗或許就不會那麼可怕了。

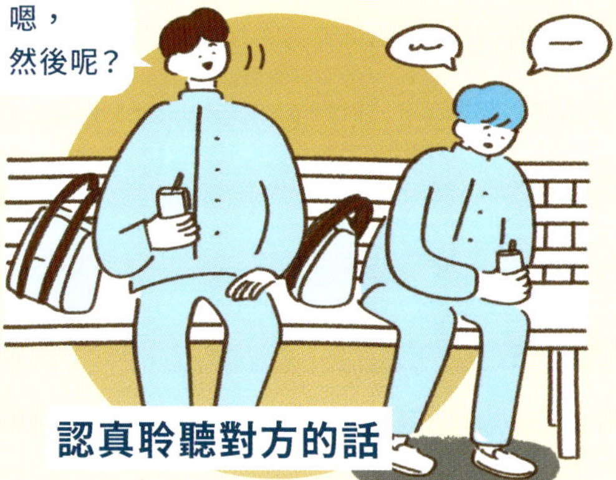

認真聆聽對方的話

當對方開始談論煩惱時，不管有多冗長，都會一邊給予「這樣喔」、「真的很辛苦耶」之類的回應，不中途打斷對話，有耐心地聽到最後。不強加自己的意見，也不搶走對方的話題。

總結

- 同理心是試圖站在對方角度看待世界的態度。
- 同理心高的人，會以尊重他人的方式進行溝通。

4-2

想要鼓勵朋友、幫助朋友

關心能支持他人的心靈

喔
是石倉。
好像很重
很重吧?我來拿吧。
村木。
我是值日生,所以老師要我把這個搬到教室。
裡面裝了什麼呀?
好重喔
妳習慣我們班了嗎?
嗯,還可以。
是嗎。
嘿咻!
如果遇到什麼困難或不懂的,儘管問我喔。
謝謝。
剛才那個樣子會不會有點假?

當你鼓起勇氣想要幫助或鼓勵遇到困難的朋友時,若是被拒絕了,千萬不要自責「我是不是多管閒事?」更沒有必要感到沮喪喔。

試著和朋友聊聊看
當對方求助時
坦白說……
啊，
沒事啦。
當對方說「沒事」時
先觀察一段時間

如果朋友好像遇到困難，就試著以輕鬆的口吻問「怎麼了？」「需要幫忙嗎？」

我們不知道對方是否真的「沒事」。對方可能是還沒準備好要跟你說。這時，就先不要追問太多。

如果朋友說「沒事的」「沒什麼」，那就不要再追問，但是可以告訴他「有什麼事隨時可以跟我說喔」。

他人的關心能成為心靈支柱

發現班上同學遇到困難，或者看起來很痛苦時，能夠主動關心，詢問「怎麼了？」「有什麼我能幫忙的嗎？」的人，其實是一個很棒的人。

主動開口說話，確實需要些勇氣。擔心自己是否多管閒事而猶豫的心情，也很容易理解。然而，從對方的角度看，有人關心自己，其實就很開心了。他人的善意，會讓人覺得「原來我並不孤單」，倍感溫馨。而且得到的那份關心，還能成為那個人的心靈支柱。鼓起勇氣試著搭話後，即使對方回答「沒事的」、「不需要幫忙」，也並不代表我們的關心白費功夫。因為對方有可能是擔心「會給你添麻煩」而客氣，也有可能是想自己再多思考一下。

在這種情況之下，我們可以告訴對方「有需要隨時告訴我」，並觀察一段時間再說。

認真聆聽朋友說話

如果朋友願意跟你說，那就豎耳聆聽。因為光是訴說，就足以讓心情輕鬆許多。

一起想辦法

和朋友一起思考解決方法或提供幫助，能讓對方感覺有所依靠。如果問題難以解決，那就一起去找其他信賴的人商量吧。

告訴對方「有機會再聊」

不管有沒有解決朋友的煩惱，都要感謝他願意與你分享。如果你能表示隨時都會傾聽，朋友的心一定會受到鼓舞的。

如果對方願意具體談論煩惱，也可以使用28～30頁介紹的「傾聽」技巧。即便無法提供好的建議，或是幫上什麼忙，也不用太在意。只要有人願意傾聽自己訴說煩惱，心情就會輕鬆一些。光是聽，便足以幫助他人。

注意到他人的變化、主動搭話、豎耳聆聽。只要能做到這些，就是具有高度同理心的人。這樣的人若能增加，即使遇到困難，大家也會安心的。

評估自己是否有餘裕幫助他人

想幫助他人的心意固然可貴，但是當自己也遇到困難時，其實很難顧及別人。這時，千萬不要勉強，暫時不參與也沒關係。但如果你認為對方正遭受嚴重霸凌，或者有受傷等緊急情況，那就應該立即採取行動，向可靠的大人尋求幫助。

鼓勵的時候要站在對方的立場

假設有位同學因為與父母吵架而煩惱。經常與父母爭吵的人，可能會覺得「這種事常有，沒什麼大不了」，但對於長久以來與父母相處非常融洽的人，這無疑是一件令人心情沉重的大事。

即使他人的煩惱對自己來說不算什麼大事，也不要急著給出答案，例如「不用在意這種事」，或者「如果是我，我會這樣做」，而要先聽聽對方的想法。

就算經歷同樣的事，每個人的煩惱程度也會有所不同。一旦讓對方覺得「我這麼認真地在傾訴，你卻只是隨便回我幾句」的話，他可能就會想「以後我不要再找這個人講心事了，他太不可靠了」。

想要鼓勵別人，就要先努力理解對方的痛苦與感受，傾聽對方訴說（28～30頁），帶著同理心（50～54頁），好好溝通，這樣就能一步步達成鼓勵的目的。

這種事不用在意啦！
我和爸媽吵架了……

鼓勵無法有效傳達的情況

如果不問清楚發生了什麼，只是一味地鼓勵，對方不只聽不進去，有時還會對你失去信任。

怎麼吵架了呢？
我和爸媽吵架了……

鼓勵能有效傳達的情況

只要認真傾聽對方訴說，理解對方為何沮喪，就能站在相同的立場來思考。在這種情況之下，說不定就能說出有用的鼓勵，或是幫助對方正向思考的話。

他們不認同我的努力。
我家也是這樣。
真是令人沮喪～
要不要試著表達你的感受呢？
有事再隨時跟我說喔。
心情好像比較好了……

總結

- 他人的關心能成為心靈支柱。
- 鼓勵時，要先了解對方的痛苦和感受的方式。

4-3

如何巧妙請求幫忙？

依賴他人是一項重要的技能

涼子
妳有找人幫妳當午餐值日生嗎？
還沒……
妳又這樣……
今天我是午餐值日生，但剛好和圖書委員的工作撞期。
我怕麻煩到別人……
妳不拜託的話，我們班午餐就會受到影響啊！
我們人手不夠耶
我覺得涼子妳要學著向我以外的人求助，這樣會比較好。
沮喪
好。
野口，你今天能幫我當午餐值日生嗎？
好啊。
原來拜託別人也是一個重要的技能呀……
野口他人真好……

你擅長向他人求助嗎？讓我們思考一下遇到困難時要如何尋求協助，以及應該抱持什麼樣的心態來應對。

怎麼辦……

許多人不敢開口向人求助，是因為「不想給別人添麻煩」或「害怕被拒絕」。他們內心明明有需求，卻選擇把話吞回去，寧可自己承受壓力與不安。有時候，甚至會因為過度體貼他人，而忽略了自己的脆弱與需要。結果就是在沉默中逐漸累積孤單感，讓心情變得更加沉重。

自己的事情，應該要自己做……

你要自己做喔。

許多人因為父母或周圍人的觀念灌輸，覺得「事情不自己做，就是一個沒有用的人」。

這樣可能會造成他人困擾

被你拜託的人也
會很困擾的……

有時，不想給他人添麻煩的想法會變得過於強烈。

說不定會被拒絕……

NO!
這樣的請求
是不可能的！

被拒絕會很難過，而且若因為這樣讓對方不開心，會影響到以後的關係。

無法向他人尋求幫助，總是自己扛下來，正是內心最深的壓力與孤獨！

向他人求助是一項重要的能力

遇到困難時，你敢開口向別人求助嗎？

你是否曾經因為覺得「自己的事情要自己解決」或「不能給別人添麻煩」而猶豫不決，不敢依賴他人呢？

越是認真而且顧慮到他人感受的人，就越容易不敢向人求助。

但是，在日常生活當中，我們不可能完全不依靠家人、朋友等周圍的人而活。出了社會之後，在工作上往往會需要與他人合作。如此一來，將自己不擅長的事情拜託有能者處理，或是為了趕上期限而多請幾個人幫忙等，必須開口請求協助的情況就會增加。

因為難以啟齒求助而選擇獨自承擔，結果卻因此引發問題，到頭來反而造成旁人困擾，這種情況也屢見不鮮。

要知道，**適當地依靠周圍的人，也是一項重要的生活技能喔。**

遇到困難時可以依靠他人

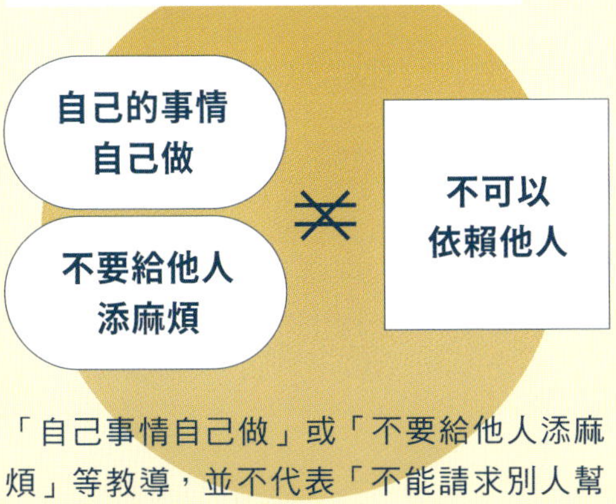
自己的事情
自己做
不要給他人
添麻煩
≠
不可以
依賴他人

「自己事情自己做」或「不要給他人添麻煩」等教導，並不代表「不能請求別人幫助」。我們要學會適當地依賴他人，並且在遇到困難的時候尋求幫助。

不要過度客氣，被拒絕也不用在意

無法好好提出請求的原因之一，有可能是因為太過顧忌別人的感受，「不要給人添麻煩」的想法太過強烈造成的。

就像你會想鼓勵、幫助朋友一樣，能受人依賴、有助於他人是件令人高興的事。因此，遇到困難時，就勇敢去尋求建議吧。在大多數的情況下，對方應該都非常樂意傾聽。

即使鼓起勇氣提出請求，有時也會因為內容不妥或時機不對而被拒絕。此時心情固然會難過，但這也沒有辦法。想要學會適當地拜託別人，關鍵在於習慣開口請求。只要秉持著「被拒絕是正常的，但是問了也不會有所損失」的心態，從拜託小事開始嘗試，這樣說不定就會比較容易開口。

平時對他人友善的人，在遇到困難時，往往會得到他人幫助。遇到困難時互相幫忙，是人之常情。因此，當自己有餘力時，若能向他人伸出援手那就更好了。

考慮對方的感受，以令人舒適的方式請求

善於拜託別人的人，通常會先考慮對方的感受，再提出請求。首先，在詢問對方是否方便的同時，會以謙虛的態度開口。即使請求的對象是同班同學，禮貌一樣重要。

鼓起勇氣，拜託看看

想要巧妙地提出請求，就要先習慣拜託他人。當我們遇到困難時，就勇敢地去尋求建議吧。

拜託啦！

得到幫助

OK！
知道了！

有些人喜歡被依賴

很多人懷有「想要幫助他人」、「想幫助有困難的人」的心情，因此，在拜託別人時，其實不需要太過擔心對方的感受。這次若是受人幫助，下次換我們幫助他人就好了。

被依賴真開心
想要幫助他人
謝謝～

被拒絕了

現在不行！

被拒絕也是沒辦法的事

被拒絕時，要考量到對方也有自己的情況，千萬不要因此懷恨在心喔。

讓對方感到舒適的請求方式

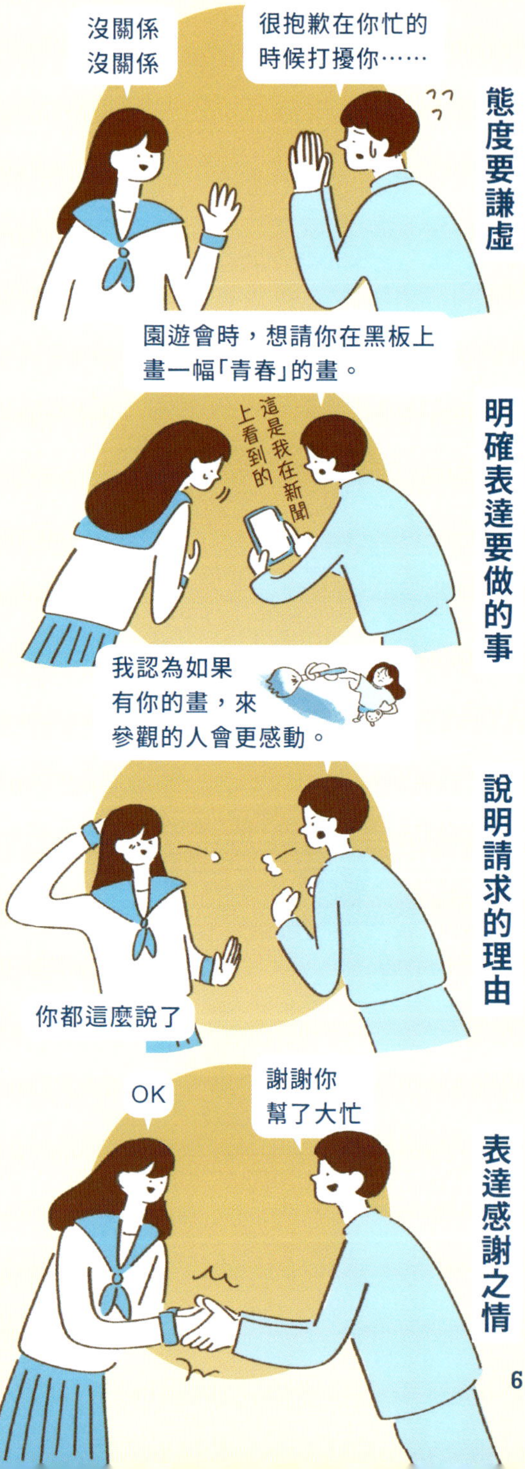
態度要謙虛
很抱歉在你忙的時候打擾你……
沒關係沒關係
明確表達要做的事
園遊會時，想請你在黑板上畫一幅「青春」的畫。
這是我在新聞上看到的
說明請求的理由
我認為如果有你的畫，來參觀的人會更感動。
你都這麼說了
表達感謝之情
謝謝你幫了大忙
OK

接著，具體說明想請對方幫忙的內容。如果不清楚要做什麼、什麼時候需要完成，對方就會無法決定是否要接受。

如果已經決定拜託某個人，也要一併說明拜託的理由。例如，想請很會畫畫的A，園遊會時在教室的黑板上畫插圖，可以說：「我想用你的畫讓參加園遊會的人感到驚艷。」重點在於用對方喜歡聽到的話來提出請求。

最後就是要由衷表達謝意。只要聽到誠心誠意的道謝，相信對方下次也會很樂意繼續幫忙的。

總結

- 向他人求助是重要的能力。不用過度客氣，勇敢提出請求。
- 好的請求方式，會考慮對方的感受。

4-4

拒絕別人不容易

自我肯定的溝通方式

喵喵天堂
OPEN
11:00～18:00
OPEN
ニャー
我到底在做什麼呀？
拜託啦！跟我一起去貓咪咖啡廳啦。
欸～
最近跟河野相處得不是很順利的山岸
拜託啦！
為什麼是我
似乎想透過愉快的約會來扭轉局勢。
好啦。
謝謝！
最後被拉去貓咪咖啡廳踩點。
今天本來想讀書準備考試的……
但是我真的不會拒絕別人……
而且我對貓毛過敏。
哈啾

當有人邀請或拜託我們時，是否一定要接受呢？接下來，就讓我們思考一下，在拒絕對方或表達反對意見時，要如何向對方表達自己的感受。

顧慮朋友 卻不小心傷害他人

本來答應妹妹回家後要陪她玩，卻被朋友拉去買東西。結果妹妹因為我毀約而大哭！

不必接受對方所有請求

你能拒絕別人的邀約或提議嗎？另外，你能表達與他人不同的意見嗎？

許多人似乎不太擅長拒絕別人或表達反對意見。這想必是擔心這麼做「可能會傷害到對方」吧。

但，如果因為無法拒絕邀請，而什麼都答應的話，不僅會傷害到別人，有時甚至還會傷害到自己。

如果無法拒絕他人的邀約或請求的話……

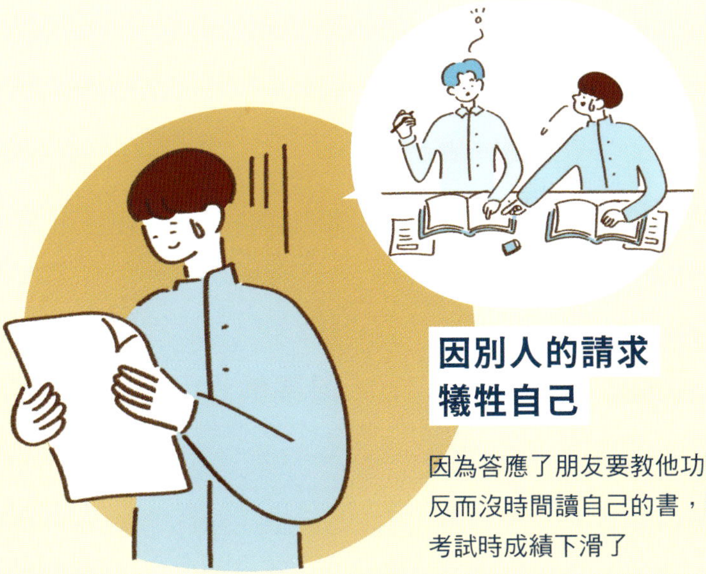

因別人的請求犧牲自己

因為答應了朋友要教他功課，結果反而沒時間讀自己的書，導致下次考試時成績下滑了

另外，勉強接受自己無法完成的事情，結果不只是會讓自己辛苦，也有可能會因為做不出成果，反而給對方帶來麻煩。

因此，當別人提出建議或意見時，如果你覺得「這我做不到」，或是「我的意見不同」，清楚表達自己的想法，並好好地拒絕，才是維持健全關係的方式。

不但沒做到答應的事還給人家添麻煩

同學拜託我「幫忙代班兔子飼育員一天」，不知如何拒絕，只好答應，卻因為不習慣要做的事，結果不小心摔倒，弄壞了兔舍。

自己的感受也要重視

行動時懷著關懷的心，設身處地為對方著想的同時，也別忘記照顧自己，讓心靈保持從容舒暢。一味地迎合他人，壓抑自我感受的態度，是一種不尊重自己的溝通方式。

這種情況若是繼續下去，對方就會永遠無法理解你真正的個性與人格，而你的內心也會變得痛苦。

因此保護自己的想法，「明確拒絕不想做或無法做到的事」、「意見不同時要表達清楚」也很重要。

人與人之間的感受和意見不同是常有的事。

無法拒絕的人心裡在想什麼？

覺得拒絕會對不起對方

容易認為拒絕的話會傷害到對方、害對方陷入困境。

覺得只要自己忍耐就好……

因為不想搞壞和對方的關係，所以即使是過分的請求，也會答應。

既然受託，就一定會全力以赴！

認為受人委託就不能拒絕，必須完成。

畢竟每個人的成長環境與價值觀都不同，意見不一樣也是正常的。拒絕邀請，或者表達反對的意見，並不代表我們是在否定那個人本身。要把「人」與「意見或建議」分開來考量，並試圖讓對方理解到我們反對的是「意見及提議」，而非對方這個人。

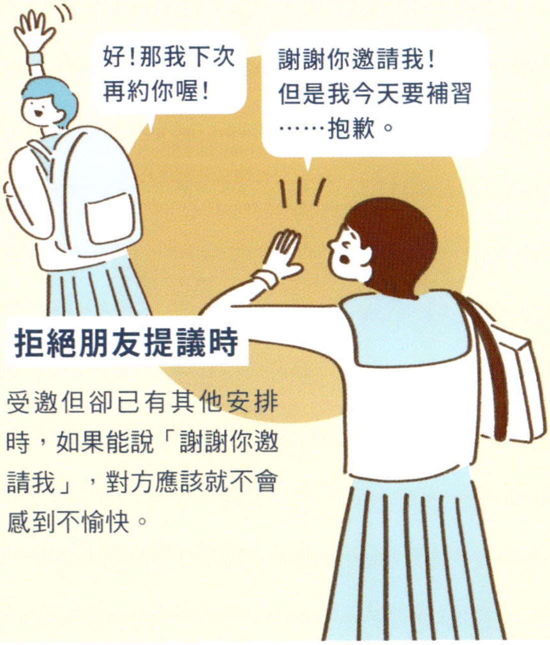
好！那我下次再約你喔！
謝謝你邀請我！但是我今天要補習……抱歉。

拒絕朋友提議時

受邀但卻已有其他安排時，如果能說「謝謝你邀請我」，對方應該就不會感到不愉快。

真誠表達內心的感受，對人生而言，更具關鍵意義！

我們應該要加強跑步訓練的！
你說得沒錯，體力確實很重要，但上次我們是因為防守失誤而輸的，不如增加防守練習？

表達反對意見時

即使在訓練方針上意見不同，但只要在表示理解對方想法後，提出反對意見，就能避免氣氛緊張，順利討論。

比較看看這三種自我表達方式吧

今天要一起出去玩嗎？
嗯……應該可以。（不想去但卻又無法拒絕）
你可以幫我代班一天的飼育員嗎？
嗯……好吧（但其實我有事……）

非自我肯定型（非主張型）

會壓抑自己的意見和情感，配合對方。

今天要一起出去玩嗎？
我不想去！
你可以幫我代班一天的飼育員嗎？
好麻煩喔！我做不到！

侵略型（攻擊型）

不考慮對方的感受，只強調自己的意見和情緒。

今天要一起出去玩嗎？
對不起，我今天和妹妹說好要出去玩。明天的話就可以。
你可以幫我代班一天的飼育員嗎？
抱歉，我沒有照顧過兔子，所以沒有辦法喔。不過下次讓我一起幫忙，我會學習的。

自我肯定型（兼顧自己和對方）

在關心自己也尊重對方的前提下，坦率地表達自己的感受。

兼顧對方和自己的「自信表達」

交換意見時，尊重自己也尊重對方的溝通方式，稱為「自信表達」（Assertive Communication）。第1集39頁也提到過，自信表達不只是單方面表達自己的主張，而是在說出自己的意見的同時，也同時顧及不傷害對方的感受。

這個理論把溝通方式分為以下三種：

- **「非自我肯定型」**（非主張型）：不重視自己，也不表達自我主張的類型。常常把想法藏在心裡，壓抑自己的意見和情感、配合對方，容易感到委屈或覺得不公平。
- **「侵略型」**（攻擊型）：不重視對方的意見，只知強調自我主張和情緒的類型。這種人常常讓人覺得強勢或難以親近，甚至可能引起衝突。
- **「自我肯定型」**：既重視自己，也珍惜對方的表達方式。能在關心自己也尊重對方的前提下，坦率且清楚地表達自己的感受，維護良好的人際關係。

即使是拒絕同樣的邀請，只要表達方式不同，被接受的程度就會有很大差異。就讓我們好好學習，如何在守護自己的想法時，也能巧妙地考慮到對方感受的方法吧。

總結

- 受邀請或請求時，若做不到，就好好婉拒。
- 要學習既能顧慮到對方，又能表達自己感受的溝通方式。

4-5

那是誰的問題？

解決問題的方法

妳看起來好像很煩躁。
發生什麼事了？
去社團練習的時候中野和田所一直在聊天……
中野
田所
啊～那兩個人啊。
那兩個人演奏技術不錯，是吧？
就是這樣才會鬆懈吧。
但是這種鬆懈的情緒要是傳染給大家，那不是很糟嗎？學長姐的最後一場比賽也快到了。
要不要直接跟本人說呀？
嗯……
我又不是隊長，這樣多管閒事好嗎……

日常生活中，難免會遇到人際關係的問題。
就讓我們透過例子一起思考，該如何應對這種情況吧。

那究竟是誰的問題？是「自己」的問題？還是「對方」的問題？

到目前為止，我們已經告訴大家各式各樣能夠有效進行溝通的方式。接下來，就讓我們透過具體的例子，看看當人際關係出現問題時，該如何應對。

在決定要採取什麼行動之前，得先搞清楚一件重要的事，那就是**「思考這個問題是誰的問題」。是「自己」的？還是「對方」的？**

例如月考快到了，但是你的朋友A卻完全沒有準備。你因為擔心A考不好，所以對他說：「你要好好讀書啦！」結果A卻生氣了。為什麼呢？

那是因為A覺得自己被指責了。聽在他耳裡，會認為你在對他說「你根本就沒有在用功念書」。也就是說，這是25頁中提到的典型「你訊息」，容易讓對方感到不舒服，甚至想要反擊。

坦白說，真的會因為不讀書、考不好，而感到困擾的人，是A（對方），不是你。換句話說，這是A（對方）的問題，不是你（自己）的問題。

既然是對方的問題，那就不要強行介入，否則只會讓對方更反感。最好是**等對方主動尋求幫助時，再回應就好。**這時，可以**好好傾聽讓他們感到苦惱的事情，再站在對方的立場上給予支持。**這樣，朋友才會覺得你是真心關心他，而不是在責備他。

如果是自己感到困擾，那就是「自己的問題」。

假設你是社團的隊長，而在你隊上，有位實力堅強的隊員，經常偷懶不來練習。那麼，這是你（自己）的問題，還是對方（隊員）的問題呢？

那名隊員老是不來練習，導致團隊合作出現問題，甚至難以決定參賽成員。因為這些問題而感到困擾的，是身為隊長的「你」。也就是說，這是「自己」的問題。

對方有可能是不太想參加比賽，也有可能是不想在社團投入太多精力。不管背後的原因是什麼，如果你只知道用指責的口氣對他說「你為什麼都不來練習」，彼此之間的關係，很可能會因此變得緊張，而你想解決的問題也無法得到改善。

如果是自己的問題，那就應該要採用25頁的「我訊息」，坦率地將自己的感受表達出來，尋找解決問題的方法。

例如說：「我希望有實力的你能一起參加比賽，但是直接選你的話，大家會不服氣，因為這樣對其他隊員不公平。如果你能來練習的話，我會很開心的……」這樣可能會比較好。在真摯的說服之下，說不定他就會被你打動，而開始來參加練習。

下一頁起，我們會舉一些在你身邊可能會遇到的問題，就讓我們一起來想想看這些問題可以怎麼解決吧。

對方的問題 ○

雖然A擔心自己沒讀書，但是突然被人說「你要讀書啦」，似乎讓他感覺自己被冒犯了。

這樣應對或許會比較好

先觀察情況。如果A主動來找你說：「我都沒在看書，很擔心考試。」的話，就認真地聽他說，藉機給予建議和鼓勵。

不要貿然干涉別人的問題！！

自己的問題 ✕

看A好像沒什麼在念書的樣子，忍不住地對他說：「你不念書不行啦。」是因為擔心A，希望他能努力，所以才這麼鼓勵他的……

對方的問題 ✕

突然被隊長指責的B，雖然有幾個不能參加練習的理由，但因為被嚴厲指責而說不出口。

這樣應對或許會比較好

因為B沒有來社團練習而感到困擾的，是隊長本人。與B溝通時，與其用「你訊息」，不如用「我訊息」說：「我因為無法把你納入參賽名單中而感到困擾。」

不要因為自己的問題而責備對方！！

自己的問題 ○

對不來練習的B說出「你為什麼不來練習」，是在用「你訊息」指責B。

朋友關係的問題

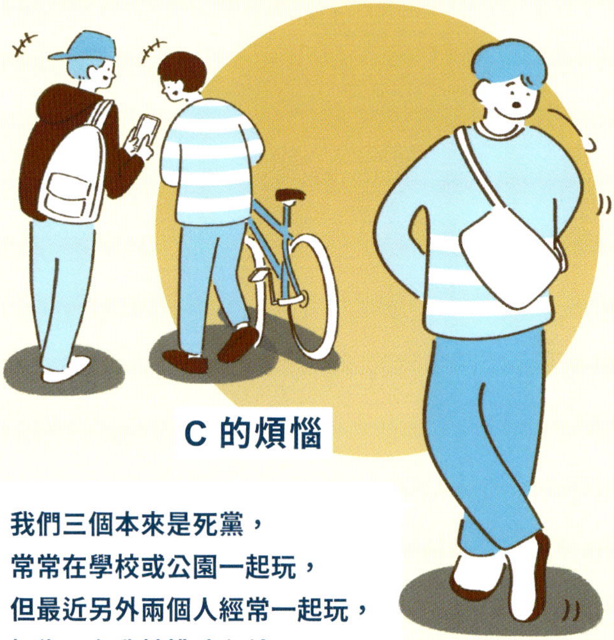

C 的煩惱

**我們三個本來是死黨，
常常在學校或公園一起玩，
但最近另外兩個人經常一起玩，
好像只有我被排除在外……**

你訊息 ✕　我訊息 ○

如果用「你訊息」向對方說「你們為什麼要排擠我？」的話，就會變成是在責怪另外兩個人。這兩個人可能根本就沒想過要排擠C，但在這種情況下被指責的話，他們可能會因為生氣而反駁C。

既然感到困擾的是C，那麼C就應該把這個問題視為是「自己的問題」，用「我訊息」表達感受。

我一個人會寂寞。

我想三人一起玩。

後來的情況

最近那兩人因為遊戲聊得非常開心。C沒有那款遊戲，所以不好意思打擾他們，但在說「想更常三人一起玩」之後，問題便解決了。

當「自己」在人際關係中遇到困難時，應該要怎麼辦？

人際關係出現問題，首先要判斷的是，這是「自己（所擁有）的問題」，還是「對方（所擁有）的問題」。關鍵是思考誰會因此感到困擾。

這裡舉的例子是「自己的問題」，因為困擾的是自己，會變得情緒化，這是能理解的。可是這麼一來，問題就會變得更加複雜。因此，我們要先深入思考自己會如此情緒化的原因（第1集26頁），不要急著責備對方，而是**用「我訊息」來傳達自己的感受。**

共同作業的煩惱

D 的煩惱

我跟 E 負責規劃校外教學小組行程。我一直在想要去哪，很努力查交通表，但是 E 什麼都沒做，讓我覺得很煩。

你訊息 ✕　我訊息 〇

如果憤怒地用「你訊息」說：「你為什麼什麼都不做！」只會讓彼此關係更緊張。認為只有自己在做事而感到不滿的是 D。因此，把它視為「自己的問題」，用「我訊息」來表達自己的感受會比較好。

我覺得只有我在做事，很累。

我對於制定計畫沒有自信，所以想和 E 一起討論。

後來的情況

E 承認他不太會規劃，並為把事情丟給 D 道歉。D 徵詢 E 的意見，一起制定了計畫。

親子之間的問題

F 的煩惱

媽媽好像因為工作和家事忙得焦頭爛額，總是一副非常煩躁的模樣，我只不過是說句話，她就立刻破口大罵，我受夠了。

你訊息 ✕　我訊息 ○

遇到這種情況，我們往往會用「你訊息」抱怨。「媽媽為什麼心情這麼不好？」「媽媽動不動就生氣！」本來就因為工作和家事而情緒緊繃的媽媽，在聽了這番話之後，可能會更生氣……因為媽媽心情不好而感到困擾的是 F，因此用「我訊息」向媽媽表達自己的感受會比較好。

我看到媽媽生氣會很難過。

我想為媽媽做些什麼。

後來的情況

媽媽反省了自己的態度，包括爸爸在內的全家人，重新分配了家事。

F 也會幫忙摺衣服、清洗浴室，盡量去做自己能做的事情。而家裡的氣氛比以前好，也讓 F 相當滿意。

遇到痛苦的問題可以逃避

面對霸凌、虐待、職場騷擾等個人難以應對的問題，千萬不要試圖獨自解決。要先向可靠的大人尋求建議。一定要以遠離痛苦的問題為優先考量，好讓自己的心靈得到休息。

在面對「對方」的困擾時，先從冷靜聆聽開始

這一節我們要來看看，當遇到問題的不是自己，而是對方時，會是什麼情況。**基本上，要解決問題的人應該是對方。**如果你試圖強行解決對方的問題，又沒有處理好，極有可能會引發爭執，所以要小心。

如果有人找你諮詢，以「傾聽」的態度認真聆聽很重要。能夠冷靜面對並思考解決方法確實很棒，但就算一時解決不了也別太煩惱，把問題留給時間處理就好。

朋友吵架了……

因為吵架的不是G，所以這不是G的問題，保持關注，但不積極介入的立場就好。也可以聽聽兩位當事人的說法，如果有誤會，那就幫忙傳達。

G 的煩惱
同一個社團的兩個朋友前一陣子關係不好，結果吵了起來！

是喔～
怒怒
或許吧～

非常在意在班上總是獨處，不跟別人互動的人……

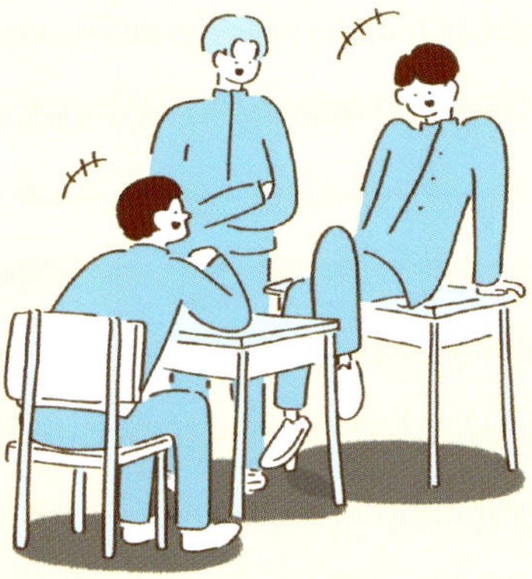

其實，I老是一個人獨處並不是H的問題。或許I本來就比較內向，因此覺得自己一個人行動，會比跟其他人在一起更自在、舒服。這種情況之下，先保持一點距離，觀察I的情緒如何，可能會是比較好的方法。

而且，最好避免用「你訊息」勸告對方：「你應該要主動一點，多和大家互動。」

如果H自己想和I成為朋友，想縮近距離的話，不妨先試著一對一交流，從對方有興趣的話題開始聊看看。

H的煩惱

不太與班上同學交流，獨來獨往的I，總是讓我非常在意。我覺得他應該要多多和大家互動比較好……

朋友有了喜歡的人

J 的煩惱

K 跟我說他有了喜歡的男生。我希望他的愛情能開花結果。

這當然是K的問題。若J隨口講出去，或告訴那個男生，那就管得有點多。別隨意干涉，認真傾聽，如果K求助，再提出想法。

真是和平啊……
到目前為止
哇~
Hi
他跟我打招呼了~

朋友之間的問題

L 的煩惱

聽說 M 的媽媽住院了。家裡還有年幼弟妹，一定很辛苦。問他「要不要請我媽媽去幫忙」，結果馬上被拒絕，氣氛頓時變得很尷尬。我明明是出於好意……

L 想幫助 M 的心可以理解，但這是 M 的問題，他可能不想在學校提這件事。可以在與 M 閒聊時觀察一下狀態，當他需要幫忙時，再在能力範圍內給予協助。

你作業寫完了嗎？
嗯！

「自己」和「他人」都要尊重的態度

到目前為止，我們已經了解了人際關係出現問題時的應對步驟。

- 思考這個問題是誰的。
- 如果是自己的問題，就用「我訊息」坦率表達自己的感受。
- 如果是對方的問題，一開始並不需要積極介入。
- 被諮詢時要認真傾聽，如有需要，再表達自己的意見。

總結來說，雖然是這個樣子，但比起採取標準步驟，更重要的事情，其實是學會**尊重自己和對方的心情。**

當自己遇到困難時，當下的情緒，可能會讓你想要指責別人。但是，這麼做不只會破壞你們的關係，使之後的相處變得困難；而且，對待他人時缺乏體貼，最後也會反映在自己身上，讓大家都不想體貼待你。

因此，我們要冷靜下來，用「我訊息」坦率地表達自己的情感，雙方都稍微退讓，調整意見，尋找一個彼此都能接受的妥協點。

相對地，當問題屬於對方時，觀察而不介入，才是一種尊重對方主體性的行為。若是貿然干涉別人的問題，並試圖解決，反而會剝奪對方思考的機會，與成長的空間。但是，如果對方因為困擾而找你聊聊，一定要認真傾聽，並盡力給予協助喔。

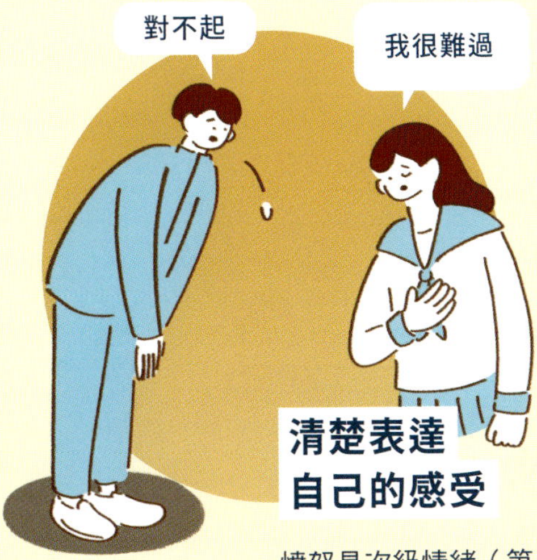

清楚表達自己的感受

憤怒是次級情緒（第 1 集 26 頁）。因此，我們要冷靜地面對自己，好好表達自己的感受。

不要試圖在言語上勝過對方

在人際關係中，單方面的勝利對雙方都沒有好處。要用體貼對方的方式表達。

不要干涉別人的問題

不要隨便插手他人的問題。解決問題的應該是當事人自己。

總結

- 先思考這個問題是「自己的問題」還是「對方的問題」，然後再採取相應行動。
- 在溝通的過程中，尊重自己和對方的心態很重要。

我不太會道歉。有時即使道了歉，也很難拿捏之後該用什麼態度相處，所以最近我都只是敷衍過去。

告訴我！
煩惱諮詢
#4

許多大人也不太會向別人道歉。可能是「道歉就是認輸」以及「不想比對方低等」的心態，阻礙了真誠表達的意願。

然而，以勝負或上下關係來看待人際關係並不是好事。即使暫時認為自己贏了，也沒有太大的意義，因為無法承認自己錯誤的人，會失去他人的信任。不管是大人還是小孩，覺得自己做錯事時，坦率地說「對不起」才是正確的溝通方式。

那麼，道歉之後該以什麼樣的態度來面對對方呢？這是一個非常困難的問題。

道歉的人可能會想：「既然我已經道歉了，希望今後彼此的心裡不要有疙瘩，好好相處。」但是，對方的情緒可能「尚未平息」。「原諒」是最困難的，所以道歉之後不應該要求對方立刻做到，要知道對方需要一些時間才能平復心情。

如果關係過了一段時間仍未恢復，但你又希望能夠和好的話，不妨試著用「我訊息」來表達自己的想法：「那時候真的很對不起。看到我們之間的距離越來越遠真的很難過。要不要重修舊好，再一起玩呢？」

道歉和原諒雖然很不容易，但我們不要逃避，一定要勇敢面對喔。

#4 不要急忙爬上「推論階梯」！

不管是何種場合，人往往會憑主觀意識做出判斷。美國的組織行為學研究者克里斯・阿吉里斯（Chris Argyris）曾提出「推論階梯（Ladder of inference）」概念，認為人會像爬梯子一樣，一步步從眼前的事實出發，經過觀察、推理，得出結論後，再作出判斷。如果急忙爬上這個梯子，就會非常容易受到個人偏見影響。

假設你是某家公司的部門經理。下屬 A 平常總是準時下班，在大家都很忙的某一天，他竟然還提早兩個小時走。這時，你會對 A 有什麼看法？可能會草率地（像衝上梯子那樣）斷定「那傢伙對工作沒有熱忱」，並且降低對 A 的評價。

然而，與 A 聊過之後，你會發現 A 那天提早回家是因為身體不適，並且有填寫假單。何況 A 的績效比其他人好，能不加班又有效率地完成工作。了解事實之後，A 其實是一個相當優秀，而且值得肯定的人。

那傢伙
沒有幹勁

急於推論、匆忙作出判斷，與透過對話與觀察慢慢了解情況，兩者所得到的評價可能會完全相反。因此，看到他人的某個行為時，應避免隨便貼上「他就是●●」的標籤。

重要的是進行對話。不要情緒激動，要冷靜地交流溝通。

我當時燒到
39 度……
原來是這樣啊，
那你要多保重
身體喔。

請繼續看第3集喔！
SUNRISE

索引

在長大路上，真正理解自己與他人

第 2 集：與人們建立良好互動——如何結交志同道合的朋友？

監　　修｜齊藤徹 Saito Tooru
譯　　者｜何姵儀 Peiyi Ho

責任編輯｜杜芳琪 Sana Tu
責任行銷｜朱韻淑 Vina Ju
封面裝幀｜李涵硯 Han Yen Li
版面構成｜譚思敏 Emma Tan

發 行 人｜林隆奮 Frank Lin
社　　長｜蘇國林 Green Su

總 編 輯｜葉怡慧 Carol Yeh
日文主編｜許世璇 Kylie Hsu
行銷經理｜朱韻淑 Vina Ju
業務處長｜吳宗庭 Tim Wu
業務主任｜鍾依娟 Irina Chung
　　　　　林裴瑤 Sandy Lin
業務秘書｜陳曉琪 Angel Chen
　　　　　莊皓雯 Gia Chuang

發行公司｜悅知文化 精誠資訊股份有限公司
地　　址｜105 台北市松山區復興北路 99 號 12 樓
專　　線｜(02) 2719-8811
傳　　真｜(02) 2719-7980
悅知網址｜http://www.delightpress.com.tw
客服信箱｜cs@delightpress.com.tw
I S B N｜978-626-7721-12-4
初版一刷｜2025 年 09 月
建議售價｜新台幣 350 元

本書若有缺頁、破損或裝訂錯誤，請寄回更換
Printed in Taiwan

國家圖書館出版品預行編目 (CIP) 資料

在長大路上，真正理解自己與他人 . 2, 與人們建立良好互動——如何結交志同道合的朋友 ?/ 齊藤徹監修 ; 何姵儀譯 . -- 初版 . -- 臺北市 : 悅知文化精誠資訊股份有限公司 , 2025.09

面；　公分

ISBN 978-626-7721-12-4(平裝)

1.CST: 人際關係 2.CST: 社會心理學 3.CST: 青少年教育 4.CST: 通俗作品

541.76　　　114007306

漫　　畫｜AiLeeN
內文插畫｜前田真由美 (株式会社 hint)
　　　　　渡辺奈緒 (株式会社 hint)

10dai no Tameno Issyou Yakudatsu communication
2 Jouzu na Ningenkankei no Kotsu © Gakken
First published in Japan 2024 by Gakken Inc., Tokyo
Traditional Chinese translation rights arranged with Gakken Inc.
through Future View Technology Ltd.